COMBAT D'ORLÉANS

ORLÉANS, IMP. DE G. JACOB, CLOITRE SAINT-ÉTIENNE, 4.

COMBAT D'ORLÉANS

11 OCTOBRE 1870

PAR

Auguste BOUCHER

Ancien élève de l'École normale,
Professeur de seconde au Lycée d'Orléans.

DEUXIÈME ÉDITION.

ORLÉANS
H. HERLUISON, LIBRAIRE-ÉDITEUR
17, Rue Jeanne-d'Arc, 17

1871

Ce récit est extrait d'un livre, maintenant sous presse, où l'on racontera l'invasion des Bavarois et des Prussiens à Orléans et dans l'Orléanais.

A LA MÉMOIRE

DES SOLDATS MORTS

LE 11 OCTOBRE

AU COMBAT D'ORLÉANS.

AVANT-PROPOS

DE LA DEUXIÈME ÉDITION.

Depuis qu'a paru ce livre, des renseignements nouveaux nous sont parvenus. Nous en profitons dans l'édition qu'aujourd'hui nous offrons au public.

On y trouvera quelques changements dans l'évaluation des troupes, françaises et ennemies, qui ont pris part au combat d'Orléans. Des documents allemands et les avis que nous avons reçus des divers chefs de nos régiments nous ont permis de faire en toute sûreté ces rectifications de chiffres. On verra comment dans ce calcul le nombre des assaillants s'augmente, tandis que celui de nos défenseurs diminue.

Notre récit se développera davantage dans la première partie. Nous ajoutons des détails intéressants pour tout ce qui concerne la résistance que les zouaves pontificaux opposèrent aux Bavarois, l'engagement qui le matin eut lieu près de Saran, les services si remarquables que rendit la batterie du 10e d'artillerie, la défense du faubourg Bannier par le 39e de ligne, et celle du chemin de fer d'Orléans à Tours par le 3e bataillon du 27e. Nous mêlons également à cette narration des incidents nouveaux et jusqu'ici peu ou point connus. Enfin, nous avons pu rendre plus clairs et plus précis encore trois ou quatre points de ce récit, où nous désirions que l'attention du lecteur se fixât sans hésitation.

Puisse-t-on reconnaître, dans le vigilant et soigneux travail de cette deuxième édition, tout l'amour et tout le respect que nous avons pour la vérité !

COMBAT D'ORLÉANS[1]

Le 10 octobre, l'ennemi avait été victorieux près d'Artenay et ne se trouvait plus vers le soir qu'à quelques lieues d'Orléans. Au matin du jour suivant, le général de Lamotterouge décida que ses troupes battraient en retraite derrière la Loire. Effrayé par l'échec de la veille, il se défiait de la fortune. Il se défiait aussi de ses soldats : il les voyait pour la

---

[1] J'ai pour garants de ce récit le rapport du lieutenant-colonel de Jouffroy, qui eut sous ses ordres, le 11 octobre, la 1re brigade de la 2e division du 15e corps; les renseignements du chef de bataillon P. de Morancy, qui prit le commandement du 5e bataillon de la légion étrangère, après la mort du commandant Arago, et avec qui j'ai revisité le champ de bataille pas à pas; les notes dictées, le lendemain du combat, par le commandant Antonini, du 8e bataillon de marche des chasseurs à pied; une note laissée à M. Frot, ingénieur de la marine, par le commandant d'artillerie Tricoche; les souvenirs de beaucoup d'officiers soignés dans les ambulances d'Orléans, et notamment ceux de

plupart jeunes et inexpérimentés, connaissant à peine leurs chefs, nullement habitués au feu d'une bataille, et, selon lui, peu capables de le supporter. D'ailleurs, il n'avait pu réunir à Orléans qu'une partie du 15e corps, et n'avait point reçu tous les renforts qu'il avait jugés nécessaires. A en croire ses renseignements, on avait devant soi 40,000 Bavarois et Prussiens avec 120 ou 130 pièces de canon. Dans ces conditions, la défaite lui paraissait certaine, et c'est pour l'éviter que, vers dix heures et demie, ses troupes commencèrent à passer le fleuve, se dirigeant vers la Sologne (1) pour s'y rallier à la Ferté-Saint-Aubin.

Si le général de Lamotterouge avait pu, dans la nuit du même jour, parcourir la plaine ensanglantée et les faubourgs fumants encore où l'on défendit Orléans, certes, il n'aurait plus douté de l'héroïsme

M. Gaillard, capitaine au 3e bataillon du 39e de ligne, et de M. Hahn, lieutenant au 27e de marche; les aveux des Bavarois, leurs dépêches officielles et en particulier la narration de la *Gazette allemande*, faite par l'aumônier de la 2e division bavaroise, l'abbé Gross; enfin tous les témoignages qu'on pouvait obtenir soit à Orléans, soit sur le lieu du combat, quand on n'a rien négligé pour y trouver la vérité, cherchée patiemment avec un contrôle sévère et minutieux. (Voir aux pièces justificatives)

(1) Voir aux pièces justificatives (n° 3), la lettre où le général de Lamotterouge a donné des explications sur la conduite qu'il tint le 11 octobre. Cette lettre a été publiée dans l'*Union malouine*, au commencement de décembre.

de ses soldats, et peut-être eût-il eu le regret d'avoir douté de la fortune...

Pour protéger la retraite, il fallait livrer un véritable combat, combat où l'on devait lutter sans espoir de vaincre, comme à un poste abandonné où on n'a qu'à mourir. Ce devoir et cet honneur, on y appela, sans les avertir du sacrifice qu'ils allaient faire à la France, le 3e bataillon du 39e de ligne; le 5e bataillon de marche (1) de chasseurs à pied; le 2e et le 3e bataillon des mobiles de la Nièvre (2), et le 5e bataillon de la légion étrangère, fort alors d'environ 1,350 hommes. C'était la 1re brigade de la 2e division; elle fut commandée par le lieutenant-colonel du 39e, M. de Jouffroy. Deux compagnies du 8e bataillon de marche de chasseurs qui la veille s'était battu à Artenay (3); 160 zouaves pontificaux et le 27e régiment de mar-

---

(1) Ce bataillon était formé de soldats du 4e et du 16e chasseurs; sur les quatre compagnies, ceux du 4e formaient la 1re et la 2e.

(2) La veille, les mobiles de la Nièvre se battaient au combat d'Artenay.

(3) Au combat d'Artenay, le 8e chasseurs avait arrêté par ses feux toutes les charges de la cavalerie ennemie. Mais quand la retraite commença, vers cinq heures, la cavalerie de M. de Tann, se dérobant derrière un bois, vint garder la route de Paris avec six canons. Le bataillon était cerné. A peine la batterie allemande envoyait-elle ses premiers boulets, que les chasseurs se jettent sur l'ennemi, passent et arrivent à la Croix-Briquet. Le commandant Antonini et le capitaine Mercier avaient été blessés; deux officiers disparurent. Outre ceux qui furent mis hors

che (1), prirent aussi une part importante à l'action. Enfin, aux deux premières heures du combat, le 33e et le 34e de marche (2), avec plusieurs compagnies du 4e de ligne, se trouvaient sur le champ de bataille. Noms glorieux qui méritent le souvenir de la France, car les intrépides régiments qui les portaient ont, ce jour-là, rendu sa défaite illustre à l'égal d'une victoire (3).

L'ennemi venait d'Artenay. C'était donc au nord d'Orléans qu'aurait lieu le combat. De ce côté abou-

de combat, le bataillon perdit deux cents hommes et deux officiers, faits prisonniers par les hulans.

(1) Le 27e de marche, commandé par le colonel Pera-Gallo, était arrivé à Vierzon pendant la nuit. Ses trois bataillons comprenaient un effectif de 3,125 hommes. Il prit place, dès son arrivée, dans la 2e brigade de la 3e division (15e corps), brigade mise sous les ordres du général Martinez.

(2) Le 10, le 33e était venu camper près de Saran; le 34e, arrivé à Orléans dans la nuit du 10 au 11, avait été immédiatement dirigé sur la ligne d'Ormes à Saran.

(3) Pour les troupes françaises, il faut distinguer dans le combat d'Orléans deux périodes bien différentes : d'abord, les engagements qui eurent lieu, avant deux heures, sur la ligne de Cercottes, de Saran et d'Ormes, engagements d'où se retirèrent, dès midi, les troupes qu'on rappela pour la retraite déjà commencée dans la ville; puis la lutte que, de deux heures à sept heures du soir, les défenseurs d'Orléans soutinrent en si petit nombre, chargés qu'ils furent sans le savoir de couvrir la retraite de l'armée. Or, le chiffre des combattants varie beaucoup, selon qu'on les compte dans la première période ou dans la seconde.

Avant midi ou deux heures, on trouve rangées devant

tissent à Orléans les deux routes qui conduisent à Chartres et à Paris, l'une serpentant à travers les champs, l'autre droite, pavée, et bordée de peupliers. La ville se prolonge à une distance considérable dans la campagne par l'interminable rue qui se continue du faubourg Bannier jusqu'aux Aydes. Quand on est au bout de cette longue file de maisons, dont la plupart ont un vignoble ou un jardin derrière elles, on a sous les yeux un horizon qui semble court, bien

Orléans ou dans ses faubourgs les troupes dont voici l'effectif :

5e bataillon de la légion étrangère....................	1,350
5e — de marche de chasseurs à pied........	760
8e — — — (2 compagnies).....	200
3e — du 39e de ligne (4 compagnies et demie).	610
2 bataillons des mobiles de la Nièvre............	1,800
3 compagnies de zouaves pontificaux	200
27e de marche.................................	3,125
33e —	3,300
34e —	3,000
Compagnies du 4e de ligne.....................	600
Total..........	14,945

Mais à deux heures, Orléans est tout à fait évacué par les troupes qu'on avait rassemblées dans la ville même. Parmi celles qui se trouvaient sur le théâtre de l'action, le général de Lamotterouge a déjà donné l'ordre au 33e de marche, au 34e, au 1er et au 2e bataillon du 27e, au 3e bataillon des mobiles de la Nièvre, de se retirer derrière la Loire. Donc, à deux heures, quand commence la véritable défense d'Orléans, il ne reste pour ce combat acharné que 5,745 hommes environ.

qu'aucune colline vraiment élevée ne le limite au fond du ciel, d'un côté ou d'un autre. En face, le sol s'élève un peu; ailleurs, il est plat; partout il est revêtu d'une sombre verdure. Avec ses petits bois et ses habitations basses, c'est un paysage presque sans lignes : ce qui lui donne un aspect particulier, c'est le nombre infini d'arbres épars, comme les maisons, sur toute l'étendue de la contrée; ces poiriers et ces pommiers montent à la hauteur des toits : à distance, on dirait un fouillis formé de mille buissons épais où éclatent par-ci par-là les blanches couleurs de quelques pans de murailles. Sur la gauche et dans un lointain indistinct, le village d'Ormes; presque devant les Aydes, celui de Saran dont le clocher se cache à demi derrière un repli de terrain. Quand on poursuit le chemin vers Paris, on rencontre le hameau de la Montjoie, à un endroit où la route ondule; sur la droite, mais bien en arrière, se dresse la gare des Aubrais. On ne trouve sur tout cet espace que haies, fossés, maisonnettes, ceps et échalas : ici les vignes s'étalent et semblent, à perte de vue, se propager de champ en champ, le long des mêmes sillons; là elles montent et descendent sur des pentes légères et douces; partout elles cachent la terre, et si l'on n'y voit pas le paysan courbé qui travaille, on n'y voit pas non plus le soldat qui s'y abrite. Grâce aux obstacles qu'elle opposait au déploiement d'une grande armée, une telle région était un lieu favorable à la défense : nos tirailleurs en profitèrent.

Devant les Aubrais sont venus se ranger les mobiles de la Nièvre et les chasseurs du 8e bataillon de marche. De la gare, point extrême de la défense, jusqu'à la route de Paris, ils se répandent dans les champs et se relient à quelques compagnies du 39e placées sur la ligne du chemin de fer. Au centre, le bataillon de la légion étrangère se trouve à la hauteur des Aydes, avec une partie du 3e bataillon du 39e (1), qui incline vers la gauche. De ce dernier côté sont postés les chasseurs du 5e bataillon de marche. Les soldats du 33e et du 34e, avec ceux du 4e de ligne, vont couvrir de leurs feux toute la campagne qui remonte vers Saran et Ormes. C'est le 27e qui forme l'extrême gauche : il a pris position à la ferme de l'Épineuse, dans la plaine de Sarry ; ses tirailleurs sont en embuscade dans les bois d'alentour, couchés en silence et le fusil braqué ; ils sont couverts par les arbres et les branchages qu'ils ont abattus devant eux. A la droite de la ferme, le commandant Tricoche attend avec sa batterie que l'ennemi paraisse. L'espace qu'occupaient ainsi nos troupes est large au moins d'une lieue. Il y avait là environ 15,000 hommes en

(1) Ce bataillon ne comptait que quatre compagnies et demie ; la 2e et la moitié de la 3e n'avaient pu le rejoindre à temps pour s'embarquer à Philippeville.

ligne; mais le général de Lamotterouge, qui dès dix heures avait résolu de se retirer derrière la Loire, n'entendait pas les engager dans une bataille générale. Quelques-uns de ces régiments étaient sur ce terrain depuis la nuit ou depuis la veille : il les rappela en arrière, aussitôt qu'il put; et c'est ainsi qu'après avoir vu l'ennemi devant eux, après avoir même commencé une résistance que suspendit vers midi le signal de la retraite, deux régiments de marche, le 33ᵉ et le 34ᵉ, retournèrent à Orléans avec deux bataillons du 27ᵉ et le 3ᵉ bataillon des mobiles de la Nièvre. Pour soutenir l'assaut de l'ennemi de deux heures à sept heures du soir, il restait 5,745 hommes, sans réserves et sans autre artillerie que six pièces de 4. On peut donc le dire : c'est à leur courage seul qu'ils durent la force nécessaire pour soutenir une lutte si longue, si inégale et si terrible.

M. de Tann arrivait avec une véritable armée (1). A

---

(1) Le corps d'armée de M. de Tann était le 2ᵉ de l'armée bavaroise. Il se composait de deux divisions d'infanterie (la 1ʳᵉ et la 2ᵉ), d'une division de cavalerie, d'un bataillon du train et d'un bataillon de pionniers; il avait avec lui cent quinze canons au moins.

Le général prussien von Wittich, qui l'accompagnait, avait sous ses ordres une division prussienne, c'est-à-dire deux brigades d'infanterie, avec quarante canons au moins; c'était la 22ᵉ division du 11ᵉ corps d'armée.

Quel était l'effectif de ces troupes?

On sait, par le récit d'un des aumôniers de la 2ᵉ division bava-

son extrême droite marchaient dix ou onze régiments de cavalerie, où le prince Albert de Prusse commandait, comme l'indique le titre qu'il prenait, la 4e division de cavalerie de la 3e armée. A côté s'avance une brigade d'infanterie prussienne, avec 40 canons au moins. Toutes ces troupes devront pénétrer par le faubourg Saint-Jean, en tournant à l'ouest et la ville et ses défenseurs. La 4e brigade de

roise, que la 2e division comprenait les 3e, 12e, 10e et 13e régiments de ligne, le 1er et le 7e bataillon de chasseurs. La 1re division était formée du même nombre de régiments. M. de Tann commandait, par conséquent, à huit régiments de ligne et quatre bataillons de chasseurs.

Le régiment d'infanterie allemande a trois bataillons, le bataillon quatre compagnies, la compagnie 250 hommes.

Il en résulte que le chiffre normal de l'infanterie bavaroise du 2e corps s'élevait à 28,000 hommes, et que l'infanterie prussienne, commandée par von Wittich, devait être réglementairement de 12,000 hommes. Une certaine partie de ces troupes ayant pris part aux batailles de Sedan, de Wœrth et de Weissenbourg, on peut, si l'on veut tenir compte de leurs pertes, réduire ce total de 40,000 hommes à 33,000 combattants présents à la prise d'Orléans.

Avec von Wittich venaient deux divisions de cavalerie prussienne ; l'une, la 4e division de la 3e armée, était sous les ordres du prince Albert de Prusse ; l'autre était commandée par le comte de Stollberg. A son campement de Huisseau-sur-Mauves, cette dernière comprenait deux régiments de hulans, deux de hussards et un régiment de cuirassiers blancs. Les Bavarois avaient avec eux une division au moins. Aussi estimons-nous le nombre des cavaliers ennemis à 9,000 environ.

la 2ᵉ division bavaroise est au centre : elle descend la route de Paris, sous les ordres de M. de Tann lui-même. La 3ᵉ brigade de son corps d'armée forme la gauche, et à l'extrémité, c'est le 12ᵉ régiment qui

On peut donc, sans nulle exagération, dresser le tableau approximatif que voici :

Infanterie. { 8 régiments de ligne bavarois. 4 — prussiens. 4 bataillons de chass. bavarois. }	33,000 hommes.
Cavalerie.. { 1 division bavaroise.......... 2 divisions prussiennes .... }	9,000 hommes.
Artillerie. 2 régiments et plusieurs batteries.	1,600
Train et pionniers. 2 bataillons............	2,000
Total......	45,600 hommes.

Ce chiffre de 45,600 combattants constituait un nombre qui dépassait celui des défenseurs d'Orléans, au point que la proportion est presque de 8 à 1. Ajoutons que, devant nous, des officiers bavarois ont estimé leurs forces au chiffre de 45,000 hommes. Des journaux allemands ont cité celui de 50,000 ; l'un même a parlé de 65,000 à 70,000.

Nous sommes persuadé qu'en évaluant le nombre des vainqueurs du 11 octobre à 45,600, nous sommes plutôt au-dessous qu'au-dessus de la vérité. Mais dût le chiffre que nous adoptons différer, pour un millier ou deux, des chiffres proposés dans les récits allemands ou dans d'autres relations françaises, il n'en reste pas moins certain que la supériorité numérique de l'ennemi était écrasante au combat d'Orléans.

Quant au nombre total des canons, un journal allemand le porte à 120, tandis que quelques personnes d'Orléans nous ont raconté en avoir vu plus de 160 dans les campements de nos envahisseurs.

viendra occuper la gare des Aubrais. Une puissante réserve soutient les troupes engagées; derrière von Wittich, c'est une brigade prussienne; derrière les Bavarois, c'est la 1re division, celle qui, la veille, avait pris Artenay. Ainsi plus de 45,000 hommes se mettaient en bataille devant nos 5,745 soldats; à leurs 155 (1) canons, les Français en opposaient 6; en se ménageant l'appui de sa réserve, le général de Tann lançait 18 régiments contre cette poignée d'hommes : c'était une lutte d'un contre huit.

Le combat commença près d'Orléans vers midi, sous un soleil qui luisait comme aux plus belles journées d'automne.

Le premier engagement avait eu lieu entre Saran et Cercottes, où les zouaves pontificaux et quelques compagnies de régiments de marche devaient les premiers tenter la défense. Dès l'attaque, nos avant-postes s'étaient repliés; et l'ennemi avait fait tonner tous ses canons sur les taillis de la forêt et sur les champs où les zouaves et leurs compagnons d'armes s'arrêtaient pour lui tenir tête. Disposés en tirailleurs, de quinze à cinquante pas d'intervalle, les zouaves se

---

(1) Dans le cours du mois d'octobre, nous avons nous-même compté un jour 115 canons bavarois sur les boulevards Rocheplatte et du Chemin-de-fer.

Quant à la division Wittich, elle avait 40 pièces quand elle entra à Chartres, une douzaine de jours après la prise d'Orléans.

battirent deux heures dans le bois de Cercottes. « On se fusillait à bout portant, » raconte un témoin. Un instant, la compagnie du lieutenant Henri de Bellevue (1) fut enveloppée par les assaillants; elle se dégagea de cette sanglante étreinte à coups de baïonnette (2). Le 1ᵉʳ bataillon de chasseurs bavarois, le 3ᵉ et le 12ᵉ régiment s'étaient élancés sur eux. Quel que fût leur nombre, la petite troupe leur résistait hardiment; les grands cris que poussaient les Bavarois en les poursuivant ne l'effrayaient pas plus que leurs boulets; mais, bien que lentement, il fallait céder peu à peu le terrain.

Pendant une demi-heure, la bataille s'anima tout à coup, dans le voisinage de Saran, où se trouvaient, autour de la ferme de l'Épineuse, les trois bataillons du 27ᵉ de marche. Le premier s'était déployé sur la droite des canons du commandant Tricoche; le deuxième gardait la batterie; le troisième avait ses tirailleurs cachés dans les bois qui s'élèvent devant la ferme. Soudain les obus de l'ennemi éclatent dans le feuillage. La canonnade a commencé. A mille

---

(1) Henri de Bellevue fut mis à l'ordre du jour du régiment. Avec le vaillant capitaine Le Gonidec, il eut, parmi les zouaves, les honneurs de la journée.

(2) Les zouaves ne reçurent du quartier-général aucun ordre qui les dirigeât dans la retraite : ils regagnèrent Orléans par Chanteau et Semoy.

mètres des arbres, douze canons tirent sur le bois et sur l'Épineuse; l'infanterie bavaroise s'est approchée; on entend ses balles passer, mais trop haut pour atteindre personne. Le 27e répond par de vives décharges. Son colonel Pera-Gallo multiplie ses efforts, ses exemples, ses paroles, pour l'encouragement de ses soldats. Le capitaine Costa est tué; le commandant Murville a la cuisse fracassée; le lieutenant Wambergue est blessé deux fois. On se bat bravement, malgré la fatigue, la faim et la soif, malgré même la sonnerie de retraite qui retentit sur toute la ligne. L'ordre arrive au colonel de se retirer du combat. Où ralliera-t-il ses troupes? On ne le dit point : qu'il recule en allant droit à Orléans. La retraite commence donc vers midi pour le 27e. Déjà le 33e et le 34e de marche, avec les compagnies du 4e de ligne, regagnaient la ville. Le 27e envoie d'abord aux Allemands une grêle de balles, vers les abords de Saran. Puis il s'en va pas à pas à travers les vignes. On se défend partout où il y a une maison, une clôture ou l'un de ces arbres, pommiers et noyers, qui peuplent les champs; on contient l'ennemi, qui ne s'avance qu'avec la prudence la plus lente. Quand le 27e atteignit le hameau des Chaises, l'infanterie bavaroise descendait encore les pentes de Saran, longtemps arrêtée qu'elle fut en cet endroit par la rapide et adroite artillerie du commandant Tricoche.

Le 10ᵉ d'artillerie avait accompli, j'ose le dire, des prodiges presque inouïs. Jamais on ne manœuvra plus prestement, jamais des canons ne coururent plus alertes dans un pays plus difficile : ils furent partout où une position était bonne ; et l'ennemi put croire, tant ils allèrent vite et souvent d'Ormes à Saran et jusqu'auprès de la Montjoie, que notre unique batterie était double ou triple sur le champ de bataille. Tantôt divisés par trois, tantôt réunis, le commandant Tricoche les mettait hardiment en face, ici de quarante-deux canons prussiens, là de douze canons bavarois. Près d'Ormes, il cache sa batterie derrière la haie d'un jardin attenant à l'église. Voici qu'un escadron de cuirassiers blancs sort du bois des Barres. On charge les pièces de boîtes à mitraille ; les lieutenants Coffinières et Langevie les pointent. Feu ! Les cuirassiers s'enfuient, et plusieurs fois de nouvelles décharges les viennent frapper sur les plis de terrain qu'ils remontent. La batterie française paraît sur presque toute la ligne. Près de l'Épineuse et de la ferme de la Chiperie, derrière Saran, elle tire et retarde la marche de l'ennemi. Ici, elle s'établit, tenace et comme invincible, au bord d'un fossé : avec une précision dont les vainqueurs parlent encore en l'admirant, nos artilleurs abattent les Bavarois par rangées. Ailleurs, elle s'en va de point en point, mobile et déconcertant l'adversaire qui le visc. Puis quand Saran est occupé par les envahisseurs, la batterie protége de ses feux le 27° de marche ; avec lui elle recule de position en position, arrive à Saint-Jean-de-la-Ruelle, et de là, sur un ordre exprès, retourne à Orléans, sans qu'un seul de ses canons eût été démonté (1). Quand elle rentra dans la ville, il était plus de quatre heures. A elle seule, elle venait de faire tout une campagne ; rien de plus habile et de plus glorieux que ses trop courts services : pour la première fois peut-être, depuis le commencement de la guerre, les Allemands avaient eu peur des pièces françaises.

Cependant les masses ennemies débordaient de plus en plus vers leur droite. Les Prussiens venaient d'entrer à Saint-Jean-de-la-Ruelle. Saran était abandonné. Nos troupes se rapprochaient déjà des faubourgs. Aux Aubrais, les Bavarois étaient près de la gare ; au centre, on les voyait déjà des Aydes. Il est deux heures. C'est le moment où l'attaque des ennemis devient la fureur, la résistance des Français l'héroïsme.

La bataille était dès lors dans Orléans. Les canons bavarois bombardèrent bientôt les Aydes et le faubourg

---

(1) Le lieutenant en premier Coffinières eut l'avant-bras gauche emporté. La moitié des servants furent tués ou blessés : l'une des pièces n'avait plus d'autre pointeur que le lieutenant en second.

Bannier. De l'endroit où se rencontrent les routes de Chartres et de Paris, près de l'église nommée la Chapelle-Vieille, on voyait les fantassins ennemis qui se glissaient le long des arbres et dans les fossés. Un feu terrible éclata sur eux : la légion étrangère était là.

Étrange histoire que celle de toutes les vies que, devant les murs d'Orléans, la légion étrangère venait donner à la France, comme à une patrie préférée ! Ces hommes intrépides, qui nous défendaient alors, ils étaient nés sur toutes les terres du monde : beaucoup parlaient à peine la langue du pays pour lequel ils répandaient leur sang. Gens de cœur et gens d'aventure, exilés, déserteurs ou désœuvrés, tous étaient soldats avec passion ou par métier. Quelques-uns, c'était la haine de nos ennemis qui les avait attirés ; d'autres, c'était l'honneur de nos armes, l'orgueil d'entrer dans les rangs d'un peuple fameux à la guerre. Autrichiens, Suisses, Belges, Valaques, Espagnols, Italiens, enfants de toutes les nations, se battaient comme des Français pour la glorieuse et pauvre France. Les Polonais étaient nombreux dans le 5ᵉ bataillon : sur les huit compagnies, ils avaient cinq officiers. Un Hollandais, le jeune comte de Limburg-Stirum, était revenu d'Amérique pour se battre dans la légion contre les Prussiens. Un prince serbe, Karageorgewitch, y était sous-lieutenant. Un Chinois y servait : il avait gagné les galons de sergent sur les champs de bataille. Quels qu'ils fussent, tous suivaient avec amour le drapeau de la France ; et j'ai hâte de le dire, pour rendre hommage à leurs morts, ils ont été dignes de lutter et de tomber, dans une si noble défaite, sous les plis d'un drapeau si longtemps victorieux !..

Le matin, le 5e bataillon de la légion étrangère était arrivé de Bourges. On aurait dû l'envoyer sans retard au bout du faubourg : il eût pu ainsi prendre mieux ses positions, étudier le terrain et s'y fortifier. Loin qu'on y songeât, le commandant Arago ne reçut ni avis ni ordre. De la gare d'Orléans le bataillon vint camper sur le boulevard Rocheplatte. Les soldats faisaient la soupe et le café à côté du 39e de ligne, quand, à onze heures et demie, survint un officier d'état-major : « Partez, dit-il au lieutenant-colonel de Jouffroy, allez sur la route de Paris jusqu'à la rencontre de l'ennemi. » C'est avec cette précision qu'on enseignait à ces braves le chemin du combat et ce qu'il fallait y faire ! Le 39e partit. Quelques instants après, la légion étrangère quitte elle-même le campement, renversant ses marmites et abandonnant ses bagages : elle court à la bataille, et quand elle voit passer son commandant le long de ses lignes, elle le salue de ses acclamations affectueuses. Elle le salue : lui, il allait mourir tout à l'heure.

Sur le point d'entrer dans le faubourg Bannier, les

soldats de la légion rencontrèrent un général, au coin du boulevard. L'un d'entre eux s'avance d'un pas vers lui : « Mon général, s'écrie-t-il en agitant son képi : nous allons mourir pour la patrie!... Vive la France! » Et le bataillon crie d'une seule et même voix : « Vive la France. » Ah! ce noble cri fait tressaillir nos entrailles, à nous Français, qui tenons de nos mères elles-mêmes l'honneur de pouvoir le pousser devant le monde et la Prusse. Mais combien il est plus touchant encore sur les lèvres de ces étrangers qui s'en vont périr pour la France, afin qu'elle vive avec toute sa gloire et toute sa force!...

A la grille de l'octroi on aperçut le général de Lamotterouge à cheval, et sa calèche à côté. On ne le revit pas.

En remontant vers l'extrémité des Aydes, plusieurs compagnies se détachent du bataillon : la première, commandée par le capitaine Latapie, se dirige vers les Aubrais; une partie de la troisième franchit un fossé sur la droite de la route : le lieutenant Brasseur (1) s'embusque avec elle derrière les haies et le moulin Porteau. De là les soldats tirent sur les Bavarois qui commencent à paraître. Déjà les obus pleuvaient de

---

(1) Officier autrichien et fils d'un général, le lieutenant Brasseur avait profité d'un congé pour s'engager au service de la France, dès le commencement de la guerre.

toutes parts dans la rue. Près de la Chapelle-Neuve, les trois officiers de la deuxième compagnie avaient été tués presque en même temps. Le bataillon n'en avait pas moins couru en avant. Arrivé à la place de la Bascule, endroit où se bifurquent aux Aydes les routes de Paris et de Chartres, il s'était divisé pour occuper ces deux routes. Ce fut là que de toute la journée la lutte fut le plus meurtrière.

Nous l'avons dit, il était alors deux heures. Les Bavarois sans doute croyaient à un triomphe facile et prochain ; mais le combat allait devenir terrible et durer jusqu'à la nuit.

Le commandant Arago n'avait point d'ordres. Pour lui et ses officiers, il ne s'agissait que de tenir là, d'arrêter l'ennemi et de se faire tuer. Il était homme à comprendre son devoir. A pied, debout au milieu de la chaussée, une canne à la main, fumant sa cigarette, il paraissait tranquille sous les balles et les boulets qui convergeaient et s'engouffraient, pour ainsi dire, dans la rue. Mais sur son pâle visage, ceux de ses officiers qui le connaissaient bien devinaient l'amère tristesse qu'il éprouvait à voir, abandonnés devant l'ennemi, tous ces hommes dont beaucoup déjà couvraient autour de lui la rue de leurs cadavres. Il se tordait les moustaches : il était inquiet. Cependant les soldats l'entendaient crier : « Courage, mes amis ! En avant ! » Ils l'apercevaient fier et bravant la mort ;

souvent ils allaient lui dire : « Mon commandant, prenez garde à vous ! » On l'engageait à se rapprocher des murs. Arago écoutait, remerciait d'un geste et restait à sa place, suivant du regard et l'ennemi et ses troupes.

Le feu était épouvantable. Les soldats de la légion se tenaient la plupart le long des maisons : ils armaient leur fusil, s'avançaient sur la voie et tiraient. Beaucoup étaient couchés; d'autres à genoux. Pas un qui tremblât. Dans cette guerre de rue il y eut des prodiges de dextérité et d'audace. Un sergent de la légion étrangère, homme d'un sang-froid extraordinaire et le plus habile tireur du régiment, s'était posté derrière une lucarne qui regardait l'ennemi : de là il visait comme à la cible, il choisissait celui qu'il voulait tuer, et tandis qu'on les comptait à côté de lui, il en abattait quatre-vingts sur la route et devant les Aydes; effroyable puissance de son arme et de son coup d'œil (1) ! Un soldat (2), qui se tient derrière

---

(1) Si peu croyable qu'on le trouve, ce fait est vrai pourtant. Le lendemain du combat, on en parlait dans l'armée du général de Lamotterouge, comme d'une histoire merveilleuse sans doute, mais réelle et tout à fait digne de foi. Quand le lieutenant-colonel de Jouffroy vint à Tours, il raconta cet épisode à M. Thiers, pour lui donner une idée du chassepot manié par un tel homme : il en attestait la vérité après informations. Un ami de M. Thiers, notre concitoyen, M. de Lacombe, assistait à cet entretien; c'est lui qui m'a rapporté ce trait.

(2) Ce soldat, belge de naissance, s'appelait Joseph Feront : il

un tas de planches et de poutres, dans la cour d'un charron, ne tire pendant une heure que sur ceux qui s'avancent isolément : il n'en laisse pas un seul faire un pas de plus; et quand les Bavarois, jugeant impossible en ce moment de pénétrer à travers tant de balles si sûrement lancées, essaient d'entrer par la rue de Fleury, notre soldat les a suivis : il veut rester face à face avec eux. Appuyé sur des roues, derrière une haie, il continua longtemps la fusillade avec la même adresse, jusqu'à ce que, blessé au pied, il tomba et fut jeté par une fenêtre chez un habitant qui le soigna et le guérit. Des chasseurs du 5ᵉ s'étaient mêlés à la légion dans le désordre de la bataille. L'un était monté dans les branches d'un large noyer, à quelques pas de la Chapelle-Vieille, au bord de la route de Chartres. Caché dans l'arbre, il envoyait la mort de ce vert feuillage où le matin sans doute les oiseaux chantaient. Il tournait à droite et à gauche son adroit fusil, tuant ou blessant douze ennemis en moins d'une heure. Un autre chasseur a remarqué, sur un des côtés du même chemin, une excavation qui ressemble

---

était de la légion étrangère. A l'heure où l'on imprimait ces pages, nous avons appris que, le lendemain de la bataille de Coulmiers, il était allé à Chevilly, et qu'à lui seul et d'un coup il y avait fait treize prisonniers qu'il ramena ici. Au 4 décembre, on le retrouve à Artenay, blessé. Il fut alors conduit à Bourges. La guerre l'a épargné : il travaille aujourd'hui à Lille.

à une fosse : il va s'y embusquer. Une balle l'abat. Un second accourt, car la place est bonne. Il relève un peu son camarade ; à la hâte il le met en travers devant lui, et ce corps encore chaud devient son rempart. Il tire de là comme à coup sûr. Furieux de leurs pertes, cinquante ennemis le visent à la fois. A son tour le voilà renversé. Mais, admirable obstination de l'héroïsme! ce trou rempli de sang, qui porte un cadavre au rebord, un cadavre dans sa profondeur, on dirait qu'il attire ces soldats avides de se battre : ils n'y aperçoivent point la mort; ils n'y voient qu'un avant-poste d'où l'on peut tuer des ennemis. Un troisième vient donc s'y établir, mieux protégé par les deux hommes qui le couvrent qu'ils ne l'avaient été eux-mêmes : plus longtemps qu'eux il tire sur les Bavarois; mais à la fin, lui aussi tombe et expire. Ce ne fut pas le dernier. Un quatrième s'y précipite, s'abrite derrière cette barrière de cadavres, se bat avec la même ardeur, appuyant son fusil sur les morts, et se fait tuer à la même place... On les trouva tous quatre l'un sur l'autre, étendus dans le même repos, victimes du même sacrifice. Comment se nommaient-ils, ces braves? Dieu seul le sait. Nous n'avons gardé d'eux que le souvenir de cette sublime énergie.

Le combat était donc acharné en cet endroit. Sur la rue et dans les environs, ce n'étaient que soldats gisant sur la terre. Dans les champs et auprès de leurs maisons, des paysans avaient le sort des combattants. Mais, au milieu de ce feu effroyable, les habitants des Aydes montraient une charité hardie : l'instituteur, des jeunes gens et même des femmes allaient ramasser les blessés, en rampant au bord du chemin ou à travers les ceps de vignes. Noble dévoûment dont la fortune ne devait pas les récompenser, car, avec le soir, commença pour beaucoup d'entre eux un irréparable désastre.

Il était trois heures. Aux Aydes, l'ennemi n'avançait pas. C'est vers ce moment que mourut le commandant Arago. Il se trouvait en face d'une maison qui porte le n° 423. Comme son clairon sonnait près du mur et s'y appuyait, Arago, voulant donner un ordre, lui crie : « Assez ! » Le clairon n'entendit point. Arago fit trois pas vers lui en répétant : « Assez ! » Au moment où il le touchait de la main, une balle vint le frapper au cou : il tomba roide. Ses soldats le ramassent et le portent, en pleurant, chez le boucher Blain qui le reçoit sur son lit. Le commandant Arago était déjà inanimé. Tous ceux qui le virent au combat ont regretté en lui un héros, et la France dira qu'il a honoré le grand nom qu'il portait.

Pendant qu'au centre la légion étrangère soutenait l'assaut des Bavarois, que se passait-il aux ailes de la petite armée ?

Sur la gauche, le lieutenant-colonel de Jouffroy

avait longtemps tenu tête à ses nombreux adversaires. Le 5ᵉ chasseurs (compagnies du 4ᵉ et du 16ᵉ) avait lutté avec vigueur, appuyé par le 39ᵉ de ligne, au château des Bordes et dans les vignobles d'alentour. Aux Bordes, cent vingt-cinq (1) chasseurs environ soutinrent un siége où presque tous tombèrent sous les coups de l'ennemi. La plupart étaient de jeunes soldats qui ne connaissaient leur drapeau que de quelques mois à peine. Ils étaient venus aux Bordes, dans la matinée, préparer la résistance; puis, les créneaux faits et les postes choisis dans le bois, dans la maison et aux abords, ils avaient attendu avec autant de gaîté que de résolution. Combien sont venus mourir ou se traîner tout sanglants près de ce billard où ils jouaient tout à l'heure! Combien étaient étendus, le soir, dans ce petit jardin où ils avaient tant ri! Ils se battirent avec une rare vaillance. Longtemps l'ennemi ne put approcher; pendant plus de deux heures ils le décimèrent dans la plaine, du haut du monticule où s'élèvent les Bordes. M. de Tann irrité concentra sur cette maison de campagne, devenue comme une redoute, le feu de trente canons ensemble; plus de cinq cents obus furent lancés; et encore, quand les Bavarois eurent pu

(1) De ces chasseurs, soixante-quinze étaient du 16ᵉ bataillon; les autres appartenaient au 4ᵉ bataillon. Parmi les braves officiers qui les commandaient, nous regrettons de ne connaître que le nom du sous-lieutenant Henriet.

s'avancer à la faveur de leur artillerie, ils trouvèrent assez de défenseurs aux Bordes pour les obliger à l'assaut. Malheureusement ces héroïques combats n'étaient plus que des exploits isolés ou impuissants. A quatre heures, nos canons s'en allèrent pour rejoindre les troupes en retraite au-delà du fleuve. Les Bavarois s'étaient rapprochés d'Orléans. Tandis qu'ils faisaient pleuvoir des obus sur la rue du faubourg, au milieu de nos soldats, ils en envoyaient déjà dans la ville, d'un champ que les gens du pays appellent les Six-Moutons, entre Saran et la Montjoie (1).

Déjà la division de von Wittich et la cavalerie ennemie descendaient vers le faubourg Saint-Jean ; des fantassins bavarois et prussiens prenaient à revers le

---

(1) Quand on se place à cet endroit, on remarque que le clocher de Saint-Paterne est le point le plus distinct dont l'ennemi ait la vue, au milieu de l'horizon confus qui se déploie devant lui. En donnant cette direction à ses boulets, il frappait la ville au centre, et c'est ainsi dirigés que ses cent trente à cent quarante obus vinrent tomber le long des boulevards, de la rue Bannier, de la rue Gourville, jusqu'au Martroi et au Lycée.

Ajoutons que, quand M. de Tann bombarda Orléans, il savait fort bien qu'il dévastait une ville ouverte. Aucun coup de feu n'avait pu en partir encore pour atteindre ses soldats : il n'a donc l'excuse d'aucune provocation. S'il a bombardé sans sommation préalable, n'est-ce pas qu'à Orléans comme ailleurs, les Prussiens s'étaient fait une règle, en dépit des lois habituelles de la guerre, de produire la terreur par la destruction, par la violence de leurs coups et la soudaineté de leurs attaques ?

faubourg Bannier; malgré la résistance de nos soldats, déjà ils apparaissaient à l'entrée des rues transversales à celle du faubourg. Ils seront aux portes mêmes de la ville, avant qu'au centre et à la droite les Français aient quitté leurs positions.

Aux Aubrais, nos forces avaient diminué; car, vers deux heures, on avait rappelé le troisième bataillon de la Nièvre pour passer la Loire; mais la bravoure suppléait au nombre : les mobiles se battaient « comme des lions, » a dit d'eux le lieutenant-colonel de Jouffroy; or, ils avaient vu le feu pour la première fois, la veille, au combat d'Artenay. Les soldats du capitaine Latapie (première compagnie du 5e bataillon de la légion) les animaient de leur exemple. Placés dans les maisons, aux rebords du pont qui surmonte le chemin de fer en face des Aubrais, derrière les clôtures ou les haies, de chaque arbre et de chaque vigne, c'était un feu incessant, et ils en accablaient l'ennemi. Avec ses chasseurs, le capitaine Fouinault (8e bataillon de marche) avait arrêté les Bavarois arrivés en masse à la gare des Aubrais. Leur nombre s'accroissait toujours, et leurs mouvements parurent inquiétants vers trois heures et demie. Le commandant Antonini rallie alors une soixantaine d'hommes de la légion et des Nivernais, et avec ses chasseurs tente une attaque sur les Aubrais. Les soldats y couraient avec un fougueux élan, quand tout à coup on entendit des cris qui partaient du pont. Cent cinquante Bavarois l'occupaient : comme ils lèvent la crosse en l'air, on croit qu'ils veulent se rendre. Le commandant Antonini se fait enlever par deux de ses soldats et jeter par dessus la haie qui borde la voie : il roule sur le talus, se relève et voit près de lui deux de ses officiers ; un clairon arrive, puis des chasseurs et des hommes de la légion. Ils s'avancent confiants vers les Bavarois ; mais aussitôt une décharge éclate : le capitaine Fouinault est blessé, le clairon a la jambe brisée, trois hommes sont tués. Un acte si déloyal indigne nos soldats ; ils se précipitent vers le pont, tandis que leurs camarades tirent des champs voisins. L'ennemi s'enfuit dans la gare des Aubrais. Autour du gazomètre tout le terrain est reconquis. Treize blessés, dont un major, restent aux mains des Français ; vingt Bavarois sont faits prisonniers ; le colonel de leur régiment gît mourant sur le sol avec plusieurs de ses officiers. L'ennemi reculait donc sur ce point : avec des canons et des renforts, on eût vaincu les Bavarois à leur aile gauche.

Près de la légion, à la droite du faubourg, le 3e bataillon du 39e faisait noblement son devoir, commandé par des officiers qui donnaient tous les exemples du courage et de l'habileté (1). Deux com-

(1) Voici les noms des officiers par qui le 3e bataillon du 39e était alors commandé :

M. de Jouffroy, lieutenant-colonel ; — de Renneville, adjudant-

pagnies perdaient presque la moitié des leurs. Mais ceux qui mouraient étaient vengés. Adossé au pied d'un des ponts qui traversent le chemin de fer, un vieux troupier, nommé Fresne, envoyait quatre-vingt-dix balles à l'ennemi qui passait à deux cents pas, et presque toutes frappaient sûrement (1). Non loin de là, les soldats de la 3e compagnie voyaient leur lieutenant, de Mibielle, qui se relevait, pour les commander, d'un évanouissement d'abord semblable à la mort. Blessé à la tête, il n'avait plus pour face qu'une horrible tache de sang : le visage avait disparu; on n'y distinguait que les yeux qui s'ouvraient étincelants de passion, et que la bouche qui s'agitait pour commander. Mais, dans ces ordres, énergiquement donnés, on sentait toute son âme, une âme intrépide et tranquille. C'était hideux et beau...

major, a eu un cheval tué sous lui. — 1re *compagnie.* — Saglio, capitaine; tué. — Noblet, lieutenant.

3e *compagnie.* — Eissen, capitaine, commandant le bataillon. — De Mibielle, lieutenant; blessé.

4e *compagnie.* — Gaillard, capitaine; blessé. — Daget, lieutenant; blessé et mort le 14. — Panneel, sous-lieutenant.

5e *compagnie.* — Grech, capitaine; blessé. — Sensenbrenner, lieutenant. — Lucas, sous-lieutenant; prisonnier.

6e *compagnie.* — Dudac, lieutenant; blessé. — Wery, sous-lieutenant.

L'adjudant fut tué.

(1) Fresne obtint une mention après le combat; depuis il a été décoré de la médaille militaire.

La légion étrangère se battait toujours à la hauteur des Aydes. Les habitants les voyaient de leurs fenêtres courir le long des trottoirs, agiles, prompts, furieux, sans cesse déchargeant leurs fusils. Un officier énergique et intelligent, le capitaine de Morancy, avait pris le commandement ; un homme au brillant courage, M. de Villeneuve, l'adjudant-major du bataillon, l'aidait à soutenir sous le feu la constance des soldats. Du haut du clocher de la Chapelle-Vieille où quelques uns étaient montés, on tirait sur l'ennemi : vers cinq heures, le lieutenant Brasseur aperçut de là toute la campagne couverte au loin de troupes qui marchaient en ligne serrée, achevant leur mouvement tournant autour du faubourg Bannier. Il descend aussitôt avec le sous-lieutenant Podtkowinski ; il court ouvrir la porte de l'église ; mais l'édifice est cerné, on les fait prisonniers. Les Bavarois pénétraient dans le faubourg ; ils avaient emporté les premières maisons, vraies forteresses pour les soldats qui s'y étaient retranchés. Exaltés jusqu'à la rage après l'assaut meurtrier qu'il avait fallu y livrer, les Bavarois mettent le feu à ces maisons (1) ; et pendant que la flamme luit, on en voit

---

(1) Vingt-huit maisons furent brûlées, quelques-unes parce que les Français avaient tiré du grenier ou des fenêtres ; dans l'une d'elles, on n'avait commis d'autre crime que de donner à boire à deux soldats ; une autre, non loin de la Chapelle-Neuve, fut incendiée parce que, faisant saillie sur la rue, elle formait derrière

qui s'arrêtent autour de l'incendie pour former des rondes et danser avec des cris sauvages.

Cependant la retraite sonne au loin, en arrière. M. de Morancy écoute : c'est bien la retraite; il faut obéir. La légion décimée se retire pas à pas, en combattant. Elle s'attache aux murailles, elle s'enfonce aux embrasures des portes, elle s'arrête aux angles, elle se cache derrière les volets, tirant toujours, et toujours maintenant les Bavarois à distance. Par les chemins qui aboutissent à celui que la légion parcourt, les balles sifflent quand on passe. Les Bavarois, maîtres de ce côté du faubourg, arrivent par là. Sur cette longue rue rougie de son sang, la légion lutte encore une heure et demie. A mesure qu'ils gagnaient un peu de terrain, les Bavarois s'abritaient à leur tour dans les maisons, pour tirer des fenêtres. Ils étaient effrayés du nombre des morts et des blessés qu'ils voyaient tomber dans leurs rangs. Quant à nos soldats, ils avaient dans la retraite un courage aussi ardent qu'ils l'auraient eu à un assaut. Ici un seul chasseur s'est arrêté : il s'abrite au coin de la venelle

un de ses angles un enfoncement où quelques hommes de la légion étrangère s'embusquèrent pendant la retraite, pour tuer bon nombre des Bavarois qui s'avançaient à découvert. Est-ce la guerre que cette rage sauvage avec laquelle les Allemands punissaient, ici un village qui par hasard devenait le théâtre d'un combat, là une habitation qui servait fortuitement à la défense?

dite venelle à Cartreau, décharge vingt-deux coups de feu, atteint dix ennemis et tombe, les deux cuisses coupées par un obus. Au même instant et presque en face, deux soldats de la légion étrangère, presque mourants, entraient dans une maison pour réclamer des soins : l'un avait une jambe fracassée ; l'autre avait été frappé d'une balle à la tête, et le sang ruisselait sur sa poitrine et ses épaules. Près de s'asseoir sur la chaise qu'on lui tend, le premier tressaille et se redresse au bruit de la fusillade : « Il faut que j'en tue un encore ! » s'écrie-t-il ; il se traîne vers le treillage qui protége la devanture de la boutique où il est ; son camarade le suit, et tous deux épuisent leurs cartouches sur l'ennemi placé devant eux, presque à sept ou huit pas. Mille épisodes de ce genre marquèrent le combat depuis les Aydes jusqu'au faubourg Bannier ; on se défendait avec cette fureur opiniâtre, avec ce noble oubli de la vie. La légion finit par atteindre la grille de l'octroi. Ce n'était qu'une poignée d'hommes qui s'y groupèrent autour de M. de Morancy. La grille fermée, on tire à travers les barreaux, et les Bavarois, à leur tour enserrés dans la rue, tombent par centaines sous les chassepots. On ne veut pas les laisser entrer ; on se défend avec désespoir. Pour protéger sa droite, M. de Morancy envoie cent cinquante hommes au petit bois des Acacias, qui se trouve non loin de là sur un monticule. A la grille se sont rassemblés tous ceux qui survivaient au combat. Des turcos, la veille menés à Artenay, étaient accourus on ne sait d'où; soldats de ligne, zouaves, chasseurs (1) et légion étrangère, tous également vaillants, se battaient avec une fraternelle émulation, obéissant aux mêmes chefs et au même courage.

A la gauche de cette faible et vaillante armée, la résistance durait encore.

Depuis deux heures et demie, en effet, le 3e bataillon du 27e défendait Orléans, au-dessous de Saint-Jean-de-la-Ruelle, sur la voie ferrée qui mène à Tours. Arrivés de Saran à cet endroit, les soldats, haletants de faim, de soif et de fatigue, avaient entendu passer

---

(1) Pour ce dernier effort, la légion eut près d'elle l'intrépide capitaine Vidal, le sous-lieutenant Brum, le sergent-major Pollachi et des chasseurs, qui tous appartenaient au 4e bataillon (5e de marche).

Nul n'a, mieux que le capitaine Vidal, rempli son devoir dans cette grande journée. Trois fois atteint par les balles, à la poitrine, à la jambe et à l'oreille, il se bat jusque vers six heures et demie. A ce moment, comme il sautait dans une maison pour y continuer la lutte, il reçut au bras une blessure terrible. Sa vie fut en danger plus de cinq semaines. Il a obtenu de toutes les récompenses la plus précieuse qu'un officier puisse souhaiter : je veux dire l'admiration des braves soldats qu'il eut alors sous ses ordres.

Le sous-lieutenant Brum fut également blessé.

Le sergent-major Pollachi commanda, quand les deux officiers furent tombés; ses hommes et lui furent cernés et faits prisonniers.

dans leurs rangs éclaircis cet ordre qui leur annonçait un nouveau combat : « Arrêtez-vous derrière le remblai ! » Le chef d'état-major du 15ᶜ corps, le colonel Borel, les mène près d'un pont en pierre qui surmonte la voie et qu'avoisine un moulin; les trois premières compagnies se postent à la droite du pont et dans le moulin; les autres à la gauche (1). Bientôt, les obus prussiens frappent le moulin, mais on n'aperçoit pas encore l'ennemi. Le 27ᶜ attend ; et cette attente, qui le tient à son poste sous les boulets, elle s'écoule au bruit des clairons qui, pendant plus d'une heure, sonnent la retraite de tous côtés. Aucun ordre n'était venu, et les officiers ignoraient eux-mêmes la position où ils se trouvaient alors. Vers quatre heures (2), 150 chasseurs du 16ᶜ bataillon, conduits par le capitaine Salaun et le sous-lieutenant Pollus, se présentent et se joignent au 27ᵉ. A peine avaient-ils pris place sur la voie, qu'enfin l'ennemi se montre et commence la fusillade à sept cents mètres. Chacun de nos soldats avait encore quarante cartouches. « Qu'on les utilise !

(1) La 5ᶜ compagnie avait là le capitaine Tailleur; la 6ᵉ, le lieutenant Grandjean; la 4ᵉ, le capitaine Gourguillon, le lieutenant Hahn, le sous-lieutenant Le Gall; le capitaine Bourdouche était à la tête du bataillon. Des pertes graves avaient déjà réduit leur effectif.
(2) En ce moment, les deux compagnies du 4ᵉ défendaient vigoureusement la gauche du faubourg, dans les vignes et les jardins, en avant de la grille de l'octroi.

qu'on tire à coup sûr ! » crient les officiers à leurs hommes impatients. Tout à coup, le feu des Bavarois a cessé. A trois ou quatre cents pas, on voit des soldats qui sortent de derrière les murs d'une ferme. Ils s'avancent avec hésitation ; ils agitent les bras en signe de détresse et de fraternité, comme pour inviter à ne pas tirer. L'un d'eux porte même un mouchoir blanc au bout d'un fusil. Les officiers français ne les reconnaissent pas d'abord ; on les prend pour des chasseurs qui ont quitté leur embuscade et qui veulent se rallier. Le feu des Français cesse donc aussi. Cependant, le nombre des hommes qui s'approchent se multiplie de plus en plus : ils font timidement quelques pas, agitent les bras de nouveau et avancent encore. Seraient-ce des ennemis ? A ce moment, un officier d'état-major, le lieutenant d'Entragues, descendait de la campagne où il semblait s'être égaré. Il regarde, soupçonne une ruse, et lance son cheval droit à ces hommes que leurs gestes pacifiques comme leur costume ne permettent pas de bien distinguer. Bientôt M. d'Entragues les a reconnus : ce sont des Bavarois. Un officier décharge sur lui son revolver ; il tourne bride, poursuivi par mille balles, sans être atteint par aucune. Les Français, à leur tour, dirigent sur ces traîtres un feu terrible ; les Bavarois tombent en grand nombre, et le reste s'enfuit vers les bois. Le jour baissait, et les munitions avaient beaucoup diminué. On répartit également entre les soldats les cartouches qui restent; il est décidé qu'on ne quittera pas le terrain tant qu'on pourra s'y tenir.

Les Bavarois, pourtant, veulent forcer le passage. Les voici qui forment un vaste demi-cercle autour de leurs adversaires : d'un côté, la ligne s'étend à deux kilomètres; de l'autre, retentissent de longs hurrahs : on aurait dit une battue. En même temps des canons prussiens apparaissent sur le chemin de fer, à la gauche des Français. Comment résister plus longtemps? Le capitaine de chasseurs demande qu'on se jette sur l'ennemi à corps perdu et à la baïonnette. Les officiers délibèrent un moment : ils décident, pour n'être pas cernés, de faire une décharge générale et de battre en retraite à travers vignes et jardins, en brûlant les dernières cartouches. Les Bavarois reculèrent une fois encore sous les balles, et nos soldats commencèrent à se replier lentement de champ en champ, de maison en maison, semant de leurs corps (1) le chemin de la retraite, tandis que les obus de l'ennemi les accompagnaient. C'est presque dans l'obscurité qu'ils arrivèrent à la ville par la rue des Murlins (2).

(1) Une vingtaine d'entre eux tombèrent tués ou blessés pendant cette retraite.
(2) Le 27ᵉ s'était battu près de huit heures : il était resté près de quarante heures sans repos ni nourriture.

Déjà la nuit tombait : il était six heures et demie. Depuis longtemps le bruit du canon avait cessé sur la gauche : armées et nature, tout semblait s'envelopper dans l'ombre et le calme du soir. Aux Aubrais, le commandant Antonini, voyant que l'ennemi se retirait, avait réuni tous les soldats qui lui restaient : il battait tranquillement en retraite, quand on vint lui annoncer que les Bavarois étaient dans la rue du Faubourg-Bannier. Il arrive à la grille, demande cinquante hommes à la légion étrangère, et se porte au pas de course vers la rue Caban : il avait cru remarquer qu'une longue file de fantassins ennemis défilait sous le pont des Murlins, et c'est là qu'il voulait aller livrer un dernier combat. Mais à quelques pas du couvent de la Visitation, des fuyards, qui venaient du côté de la ville, lui apprennent par leurs cris que les Prussiens barrent le passage et qu'ils occupent la rue du faubourg. Les Prussiens se montrent en effet; la fusillade commence. Écrasés par le nombre, les soldats qui entourent le commandant Antonini vont succomber jusqu'au dernier. L'un d'eux remarque que des blessés sont reçus au couvent : la porte est ouverte; il y entre avec ses camarades, et les balles les accompagnent jusqu'auprès des blessés amassés derrière la porte. Le commandant Antonini y cherche un refuge à son tour ; les Prussiens l'y poursuivent, mais déjà les religieuses avaient caché les malheureux qui leur avaient demandé asile. Un peu plus tard, une centaine de chasseurs qui s'étaient ralliés près de la gare d'Orléans passaient par le Mail pour regagner la Loire : on les vit s'en aller d'un pas paisible et sans désordre ; on en releva quelques-uns qui tombaient de fatigue et qui s'appuyaient aux murs comme des hommes ivres, en criant : « Je suis saoûl de poudre ! » Tous étaient fiers de la journée et disaient qu'ils avaient fait reculer l'ennemi aux Aubrais. C'était la vérité.

A la grille du faubourg Bannier, les soldats de la légion faisaient face encore aux Bavarois. Tout à coup leurs officiers s'aperçoivent que des balles leur sont lancées en arrière, du côté de la ville. Laissés sans avertissement comme sans ordres, ils ne savaient rien de ce qui s'y passait. M. de Morancy se retournant aperçoit dans l'obscurité une masse noire et remuante au milieu de la chaussée. Sont-ce des Français qui tireraient par méprise ? M. de Villeneuve le suppose comme lui. On ordonne de cesser le feu. Les soldats se rassemblent autour des deux capitaines et commencent à se replier vers la troupe qu'ils ont derrière eux. Un homme se tient seul, dans l'ombre, à dix pas de ceux que la légion va rejoindre. C'est un officier, sans doute, et il s'avance. Une voix s'élève, celle d'un Allemand : « Rendez-vous ! crie-t-il. — Nous rendre ! jamais, jamais ! » répond M. de Villeneuve, l'épée levée, au milieu des soldats silencieux et frémissants. « Arrivez tous ici ! » dit-il aux siens, et pendant que l'officier prussien se retire vers ses hommes, les Français se serrent autour de leurs chefs, les uns regardant l'ennemi au nord du faubourg, les autres au sud. Une décharge formidable porte la mort aux Allemands. C'est le dernier feu des derniers soldats. Les Allemands répondent. D'un côté tirent les Bavarois, de l'autre les Prussiens. Frappés de toutes parts, les Français tombent vaillamment. Cernés, ils se jettent dans les maisons : ils se battent aux portes, dans les chambres et dans les jardins. Tout était fini : Bavarois et Prussiens s'étaient rejoints et se donnaient la main au-dessus de ces cadavres. Nos soldats se dispersent alors dans mille petits combats, à droite et à gauche : le plus grand nombre tombèrent ; il y en eut que dix ennemis à la fois entouraient pour les prendre ; les habitants en cachèrent quelques-uns ; de tous ceux qui furent présents à ce dernier épisode de la bataille, fort peu réussirent soit à se frayer un chemin à travers les assaillants, soit à s'échapper par la campagne (1).

A sept heures et demie, les Prussiens avaient déjà

(1) Voici la liste et le sort des officiers du 5e bataillon de la légion étrangère, après le combat d'Orléans :
Arago, chef de bataillon ; tué. — De Villeneuve, adjudant-major ; a pu rejoindre l'armée. — Latapie, capitaine de la

un poste au pont de la Loire ; une compagnie bavaroise stationnait devant l'Hôtel-de-Ville. Mais pour y arriver, il avait encore fallu se battre : ils avaient rencontré, au coin de la rue d'Illiers et à l'entrée de la place du Martroi, des soldats isolés, fermes et tenaces, qui jetèrent sur nos pavés les cadavres de quelques Allemands.

Tel fut le combat d'Orléans. Y en a-t-il beaucoup qui soient plus glorieux ? Pendant près de huit heures, moins de six mille soldats, laissés sans ordres, avaient

1re compagnie ; fait prisonnier. — Zadgrowski, capitaine ; a rejoint l'armée. — Lacoste, sous-lieutenant ; fait prisonnier. — Prince Karageorgewitch, sous-lieutenant ; a pu rejoindre le régiment. — Charnaux, capitaine de la 2e compagnie ; tué. — Packowski, sous-lieutenant ; tué. — Yung, sous-lieutenant ; tué. — De Morancy, capitaine de la 3e compagnie ; prisonnier. — Bertrand, lieutenant ; a rejoint l'armée. — Brasseur, sous-lieutenant ; prisonnier. — Béchet, capitaine de la 4e compagnie ; blessé. — Jacob, lieutenant ; blessé. — Fay, sous-lieutenant ; blessé. — Verdun, capitaine de la 5e compagnie ; blessé. — De France, sous-lieutenant ; a rejoint l'armée. — Kurnewitch, sous-lieutenant de la 6e compagnie ; tué. — Potesta, capitaine de la 7e compagnie ; blessé. — Ladmirault, lieutenant ; blessé. — Swietorzeski, sous-lieutenant ; blessé. — De Venel, capitaine de la 8e compagnie ; blessé. — De Pierrefeu, lieutenant ; prisonnier. — Podtkowinski, sous-lieutenant ; prisonnier. — Aubert, adjudant sous-officier ; a rejoint l'armée.

Sur les 25 officiers du 5e bataillon qui assistèrent au combat, 5 furent tués ; 8 furent blessés ; 6 furent fait prisonniers ; 6 seulement purent rejoindre l'armée.

résisté à plus de quarante-cinq mille hommes. Et dans un temps où le drapeau de la France semblait abattu presque partout, on les avait vus, sans indiscipline, sans découragement, sans murmure, faire le sacrifice de leur vie à l'honneur de la patrie, de leurs officiers et de leur régiment. Ils avaient eu contre eux les puissants canons d'une grande artillerie ; ils avaient eu contre eux le nombre qui accable, l'ignorance des lieux qui trompe, la fatigue qui énerve, l'incendie qui épouvante ; ils s'étaient battus pourtant avec une énergie indomptable, à la lueur des flammes comme dans l'obscurité, et dans la nuit comme au soleil. Ils n'avaient pas retourné la tête pour mesurer l'espace et les moyens de la fuite ; ils étaient tombés où on les avait conduits. Ils avaient toujours été dociles à leurs chefs et à la mort ; et surpris à la fin dans un cercle d'ennemis et de murailles, ils ne s'étaient dispersés que pour lutter où ils le pouvaient encore. « Pas un soldat n'eut de défaillance, » disait le lendemain, dans son rapport, le lieutenant-colonel de Jouffroy.

« Pas un ne recula. Dormez, morts héroïques (1) ! »

Dormez, vous dont la France a reçu l'hommage d'un sang si généreux ! Dormez, vous, ses enfants ; et vous

(1) V. Hugo. *Les Châtiments ; Expiation.*

aussi, étrangers, qui tombiez pour la défense d'une terre qui n'avait porté ni votre berceau ni celui de vos mères. Dormez dans la confiance de son admiration et de sa pitié, vous tous à qui Orléans doit le souvenir de l'immortel combat auquel vous avez associé son nom !

Oui, s'il faut ne songer qu'à l'honneur, cette résistance fut un triomphe. M. de Tann a dit, le lendemain : « Si les Français s'étaient battus à Sedan comme ici, nous ne serions pas à Orléans. » Il y en a un témoignage éloquent dans les pertes faites de part et d'autre. Les Français eurent plus de deux mille hommes hors de combat : parmi eux, beaucoup d'officiers des bataillons de la Nièvre ; quinze zouaves furent tués ; les chasseurs du 5e (1) perdirent l'intrépide chef qui les commandait, M. de Boissieux ; comme eux, le 39e de ligne et les compagnies du 8e chasseurs furent très-éprouvés ; quant à la légion étrangère, elle eut près de 600 tués ou blessés, et environ 250 prisonniers. Le vainqueur captura près d'un millier d'hommes, le lendemain surtout, dans les jardins et les habitations où ils s'étaient abrités. Quant à l'ennemi, ceux qui ont visité les hôpitaux, ou le champ de bataille, ou creusé les fosses, ceux

(1) Dans la 1re et la 2e compagnie du 5e bataillon de marche, compagnies formées du 4e bataillon de chasseurs, on compta 2 officiers blessés sur 3, et 200 hommes mis hors de combat.

qui ont aussi recueilli ses aveux et ses plaintes, estiment qu'il eut près de 5,000 hommes hors de combat. Aux Aydes, on a vu jusqu'à 25 ou 30 Bavarois autour de telle ou telle maison ; c'est par centaines qu'ils gisaient devant les Bordes ; sur certains points de la route de Chartres et de la rue du faubourg, il fallait passer par-dessus les cadavres ; quelques jardins en furent couverts. Enlevés rapidement, les morts de l'armée allemande comblèrent d'immenses tranchées ; et malgré cette précaution, les paysans en trouvèrent partout, deux jours encore après, au milieu des vignes (1).

Le 13, le roi Guillaume envoyait à la reine Augusta le télégramme suivant :

« Une bataille victorieuse a été livrée hier par le
« général von der Tann, commandant la 22e division.
« L'armée de la Loire a été complètement battue.
« Nous avons fait plusieurs milliers de prisonniers.
« Nous avons pris Orléans dans l'obscurité ; l'en-
« nemi a été refoulé, avec de grandes pertes, au-delà
« de la Loire.
« Nos pertes sont proportionnellement peu consi-
« dérables. »

(1) A en croire les aveux de l'ennemi lui-même, le corps d'armée de M. de Tann, qui avait perdu 30 officiers à Woerth et 144 à Bazeilles, en perdit 100 le 10 et le 11 octobre, surtout à l'assaut de nos faubourgs.

Que l'ennemi tienne ce langage exagéré et se vante avec la vague déclamation des bulletins de victoire, soit ; mais que dire du récit du général vaincu ?

Le 12 octobre, le gouvernement de Tours reçut du général de Lamotterouge le rapport officiel suivant :

« La Ferté-Saint-Aubin, 12 octobre 1870, 11 h. 45 matin.

Général commandant le quinzième corps d'armée à guerre, Tours.

« Hier l'ennemi a continué à marcher sur Orléans. Nos troupes, qui étaient sur la route de Paris et qui avaient pris part la veille au combat d'Artenay, n'ont pas tenu. Une brigade de la 3e division, qui était à Saran-les-Ormes et Ingré, constamment débordée par un ennemi plus nombreux et plus fort en artillerie, s'est repliée sur Orléans en disputant le terrain pied à pied.

« J'ai dû, pour arrêter la marche de l'ennemi sur la route de Paris, porter moi-même en avant trois bataillons de réserve arrivés de la 2e division. Pendant trois heures l'ennemi a été maintenu ; mais il nous a culbutés et débordés de ses obus. Après un combat très-vif et très-honorable pour notre armée, j'ai pris le parti d'évacuer Orléans et de nous replier sur la rive gauche de la Loire. Notre retraite n'a pas été inquiétée par l'ennemi et s'est faite avec calme et ordre. »

Ce rapport (1) annonce qu'on a livré un combat, et que, ne pouvant le soutenir, on a pris le parti d'évacuer Orléans. Rien n'est moins vrai. La retraite était décidée avant qu'aucun engagement eût lieu; et le combat commença devant les Aydes, pour couvrir la retraite, quand cette retraite commençait sur la Loire. On déclare que nos troupes n'ont pas tenu. Les seules qu'on ait envoyées au feu ont été aussi héroïques que malheureuses. C'est donc mentir à l'histoire de la France; c'est nous déshonorer lâchement. La bataille dont on semble peindre les mouvements et raconter les péripéties, elle n'a pas eu lieu. On confond tout à dessein. Le 11 octobre, le général de Lamotterouge ne s'est point porté en avant avec des bataillons de réserve ; c'est la veille, dans la journée

---

(1) Dans la lettre où il a voulu se justifier, le général de Lamotterouge aggrave le tort qu'il eut dans sa dépêche : « J'ai défendu, dit-il, le terrain pied à pied pendant plus de sept heures, conduisant moi-même mes réserves au combat; et ce n'est qu'après avoir reconnu qu'il m'était impossible de me maintenir à Orléans, que j'ai opéré ma retraite en bon ordre, restant à la tête du pont jusqu'à ce que les dernières colonnes fussent passées. » Ces colonnes, ce sont celles qui, dès onze heures et demie, quittèrent Orléans pour opérer la retraite. Qu'on ne les confonde point avec les troupes qui se battirent.

du 10, vers la fin du combat d'Artenay, qu'il s'est ainsi avancé sur la route de Paris. Au combat d'Orléans, il n'y eut plus devant la ville, dès deux heures, que les soldats intrépides que nous avons nommés ; tandis qu'à ce même moment, tout le reste du 15e corps, artillerie, cavalerie et infanterie, passait au-delà du fleuve. On a évacué Orléans (1), quand à Tours et à Bourges on avait assez d'hommes, en les concentrant, pour protéger et garder cette grande position. C'était une première faute. Mais si on n'a pu l'éviter, ne fallait-il pas au moins présider à la retraite avec toute la vigilance et l'énergie qui pouvaient la rendre moins désastreuse aux troupes chargées de ce soin périlleux? Eh bien ! une poignée de soldats a lutté plus de sept heures, appuyée pendant quatre heures par six canons seulement, quand l'ennemi en amenait vingt-cinq fois plus. Or, le général de Lamotterouge en avait, le matin, trente-six à la gare d'Orléans, sur le Mail et sur la route du combat (2) ; quelques-uns de plus auraient permis d'épargner nos défenseurs, et, placés à la gauche, ils eussent du moins retardé

(1) S'il jugeait l'évacuation inévitable, le général de Lamotterouge eût au moins épargné ses troupes en battant en retraite pendant la nuit du 10 au 11, comme firent avant lui les généraux Peitavin et de Polhès.

(2) De plus, il y avait depuis le matin plusieurs batteries à La Ferté-Saint-Aubin.

l'ennemi dans son mouvement tournant ; on est en droit de le dire, quand on sait l'admirable usage que le commandant Tricoche fit des six pièces mises en ligne de bataille, auprès d'Ormes. C'est une triste vérité à déclarer : la retraite a été couverte, non seulement au mépris de la vie de six mille hommes, mais au mépris des lois habituelles de la guerre, au mépris des chances que la fortune offre dans ses hasards. Le matin, on n'avait point éclairé les routes par où venait l'ennemi ; l'après-midi, on ne s'occupa que de faire défiler les troupes par-delà la Loire : quant à celles qui mouraient pour les autres au pied d'Orléans, on les abandonnait à leur courage : elles se battaient ! On ne s'inquiéta pas d'autre chose. A trois heures, le général de Lamotterouge, ayant vu passer les soldats qu'il envoyait « à la rencontre de l'ennemi, sur la route de Paris, » avait quitté la grille du faubourg Bannier ; à quatre heures, il avait quitté Orléans ; à cinq heures, les combattants n'étaient pas avertis qu'il faisait sa retraite sur La Ferté, et cet avis ne leur vint pas davantage dans la soirée ; à cinq heures et demie, on voyait sur le Mail un bataillon de ligne, qui campait sans savoir pourquoi, et qui s'en alla, sans direction aucune, à l'aventure, par le pont de Vierzon ; vers la même heure, M. de Jouffroy, alors au faubourg Bannier, entendit un jeune homme qui disait : « Comme ils sont en retard ! » Sommé de s'expliquer, celui qui avait prononcé ces mots raconta au colonel qu'à Orléans toutes les troupes avaient repassé la Loire. M. de Jouffroy, n'y croyant pas, accourut à l'hôtel du Loiret où devait se trouver l'état-major : il n'y avait plus personne. Qu'on lise ces mots de son rapport : « Ce n'est qu'en apprenant *par hasard* que l'armée passait sur la rive gauche de la Loire, que j'ai fait battre en retraite. » Il n'a tenu ces renseignements que d'un passant, que de l'aveugle fortune ! Enfin, à sept heures et demie, on rencontrait rue Saint-Euverte et sur le quai des chasseurs qui étaient revenus à leur campement, dans la ville, et qui ne savaient pas plus que les autres la route de la retraite. Ainsi ces malheureux se faisaient tuer encore, quand le reste du 15e corps était déjà en sûreté. Ils mouraient sans profit, même pour l'armée, sans profit que leur honneur. On les avait laissés s'attarder dans un massacre inutile... A quelles allégations ne réduit donc pas un général, si intrépide d'ailleurs, la nécessité de se disculper ! Quoi ! après tant de négligence et de désordre, après un tel abandon, une dépêche mensongère à l'histoire, calomnieuse aux soldats tombés ! La faute commise, n'était-il pas plus simple et plus noble de laisser au moins la gloire à ceux qui sont morts ?...

L'ennemi a été plus juste. A Orléans, il ne parlait de cette journée terrible qu'avec l'étonnement de l'admiration. En Bavière, on est encore ému des pertes éprouvées le 11 octobre; on attache au nom d'Orléans tout le respect d'un grand souvenir, et nous savons que les officiers français, faits prisonniers à ce combat, s'y sont vus considérés comme des héros. Les journaux de l'Allemagne, disons-le à notre honte, ont honoré les vertus de nos soldats plus dignement que nos dépêches officielles : témoin le récit qu'a publié, dans la *Gazette allemande* du 14 octobre, un aumônier bavarois, l'abbé Gross, qui assistait au combat.

« Au nord, dit-il, se réunit à Orléans un long faubourg appelé faubourg des Aydes. Dans ce faubourg, les Français s'arrêtèrent pour la dernière fois et firent une résistance désespérée. De deux heures à sept heures du soir, on se battit autour de ce faubourg, et cette bataille ne peut se comparer qu'à la prise d'assaut de Bazeilles... Ici, comme à Bazeilles, on tira sur nos troupes de toutes les maisons, du clocher de l'église et des toits; aussi mit-on, pour cette raison, le feu à plusieurs maisons. »

Ce témoignage est précieux; il constate l'énergie, la constance et la bravoure que les Français déployèrent dans la défense.

Remarquons en passant que l'aumônier Gross parle de l'incendie des maisons comme d'un procédé de guerre fort légitime. Des soldats victorieux viennent, après la bataille, quand l'ennemi n'est plus là et qu'il ne reste que de pauvres habitants sous ces toits, piller d'abord, puis, le vol accompli, amasser de la paille et du bois au pied de la porte, et incendier ces chaumières, ces maisons de campagne d'abord dévastées par leurs obus et leurs balles ! Cette inutile et froide vengeance semble un fait légitime de guerre très-ordinaire à ce prêtre catholique, à cet homme de Dieu ! Il l'explique et l'excuse, quand il faudrait se taire devant l'humanité, quand il devrait en gémir devant le ciel !

L'aumônier Gross mentionne ensuite les résultats de la victoire. Selon lui, « les Français ont fait des pertes affreuses. » A ce souvenir il ajoute ces paroles évangéliques : « Quand je suis entré hier dans une ambulance de Saint-Jean-de-la-Ruelle, j'ai rencontré deux Suisses, l'un de Zurich, l'autre de Saint-Gall. Je n'ai pu m'empêcher de leur dire que c'était bien fait qu'ils fussent blessés. » Voilà les consolations qu'entendaient de lui ces soldats mourants ! C'est avec cette piété qu'un aumônier et qu'un chrétien regardait leurs plaies et soulageait leurs souffrances ! Est-ce ainsi que Jésus assistait le Samaritain au bord de la route ? Le Christ parlerait-il ainsi s'il passait sur nos champs de bataille ?..

Le cruel narrateur termine son récit par ces mots : « Nos pertes sont beaucoup plus grandes qu'elles n'ont été connues jusqu'à présent : cinq officiers d'état-major ont été tués. La 4e brigade, sous le général de Tann, a gravement souffert. A cette brigade fut assigné l'ordre de prendre les hauteurs d'Orléans, et ce ne fut qu'appuyée par le 1er régiment d'infanterie qu'elle put réussir à prendre d'assaut ces hauteurs si dangereuses pour nos troupes. Ce fut l'action la plus sanglante et la plus décisive de cette fameuse journée où, même dans les rues d'Orléans, beaucoup de nos braves compatriotes sont tombés frappés par les Français placés derrière les maisons. »

Ce récit de l'abbé Gross, les habitants d'Orléans se le passaient de main en main pendant leur captivité. Quelque passionné que parût l'ennemi qui l'avait écrit, ils y trouvaient cet hommage de la gloire qui ranime les blessés dans leurs souffrances, et qui console les peuples malheureux dans leurs défaites. C'était à qui l'aurait copié; quelques-uns le lisaient avec des larmes; tous le gardaient avec la fierté du patriotisme jaloux et satisfait. Dans le souvenir qu'ils ont voué à ce noble combat, il y a aujourd'hui comme une piété qui deviendra, nous en avons l'espérance, celle de la patrie entière. Aux Aydes, à Saran, à Ormes, à Fleury, dans le faubourg Bannier, comme dans la ville, on ne rencontrerait pas un homme qui ne parlât des soldats du 11 octobre avec une sorte d'enthousiasme et de commisération. Le peuple est bon juge, quand, unanime comme ici, il met dans son admiration tant d'émotion et de gravité. Ceux mêmes dont l'ennemi a brûlé les maisons, le soir du 11 octobre, oublient leur misère et leur ruine pour ne célébrer que le courage des soldats qui se battaient chez eux. Je les ai entendus : pas un reproche, pas une plainte ne se mêle à leurs éloges. C'est déjà pour eux comme une belle et pure légende : ces pauvres gens exaltent à l'envi ce grand souvenir, heureux de le consacrer à l'honneur de la France. A l'endroit où reposent la plupart des braves morts ce jour-là, on a mis d'abord une petite croix de bois; mais les paysans de toute la contrée veulent un plus durable monument : ils ont, sou par sou, réuni presque une centaine de francs; le propriétaire du champ donne son terrain; bientôt ils l'auront enclos d'une haie, et l'on dressera une large pierre sur la tombe où sont engloutis les immortels inconnus qui ont défendu Orléans... Simple et modeste comme il sera, un tel monument peut suffire à leur mémoire; car cette mémoire, qui n'est aujourd'hui qu'au cœur des Orléanais, l'histoire ne peut manquer de la recueillir pour l'orgueil de la France, pour l'exemple et l'encouragement des vengeurs qu'elle attend (1).

(1) On verra aux *Pièces justificatives* (n° 4) les noms des soldats, reconnus pendant l'inhumation, qu'on a enterrés sur le territoire de la commune de Fleury, à la Sablière.

PIÈCES JUSTIFICATIVES.

N° 1.

Rapport du lieutenant-colonel de Jouffroy.

La Ferté, 12 octobre 1870.

Mon général,

J'ai l'honneur de vous rendre compte du combat livré hier dans le faubourg Bannier, à Orléans.

Les troupes engagées sous mes ordres se composaient des corps suivants de la brigade : le 5e bataillon de marche (chasseurs à pied), commandant M. de Boissieux, capitaine ; — le 39e de ligne, 3e bataillon, sous les ordres du capitaine Eissey ; — le 5e bataillon du régiment étranger, commandant Arago.

A midi, les troupes se sont portées en toute hâte dans ce faubourg. Le 39e, qui formait tête de colonne, a été divisé par ordre du général Borel. Il a été le premier engagé dans la rue principale, sur la ligne du chemin de fer à droite, et dans les vignes à gauche. Toutes les positions dominantes et les maisons du faubourg étaient fortement occupées par l'ennemi ; la légion a soutenu et continué l'attaque du centre.

Le régiment de mobiles de la Nièvre a contribué énergiquement à la défense du chemin de fer à droite ; et le 5e bataillon de marche (chasseurs à pied) a occupé tous les jardins et toutes les vignes qui se trouvaient à gauche.

L'élan des troupes a été des plus brillants. Pas un militaire n'a fait de défaillance. La lutte, qui semblait avoir pour objet d'éloigner de la ville l'ennemi, a été acharnée des deux côtés et a duré jusqu'à la nuit. Ce n'est qu'en apprenant par hasard que l'armée passait sur la rive gauche de la Loire que j'ai fait battre en retraite, en ramenant le plus de monde possible.

De grandes pertes ont été faites; j'ai l'honneur de vous transmettre les premiers renseignements que j'ai recueillis.

De Jouffroy.

No 2.

COMBAT D'ORLÉANS (11 octobre 1870).

Récit d'un aumônier bavarois.

Depuis le 22 septembre jusqu'au 6 octobre, nous étions à Balainvilliers, Lonjumeau et Palaiseau, dans le voisinage de Paris. Tout à coup, le 8 octobre, le premier corps d'armée reçut l'ordre de marcher vers le Midi, dans la direction d'Orléans, pour arrêter l'armée française qui se réunissait sur la Loire et marchait sur Paris. Déjà à Angerville, notre cavalerie, le 9 et le 10 octobre, avait rencontré l'ennemi et avait pris 40 ou 50 hommes de la mobile, pendant que huit ou dix d'entre eux tombaient sous les coups de sabre de nos chevau-légers. Le 10 octobre, quand nous nous mîmes en marche à sept heures du matin, nous entendîmes des coups de canon, et quand nous arrivâmes dans le voisinage d'Artenay, nous vîmes que notre 1re division était déjà sérieusement engagée. Ce jour-là, notre division n'était pas engagée, si ce n'est notre artillerie qui, avec la division d'artillerie de réserve et les batteries de la 1re division, se fit de nouveau distinguer. Notre infanterie, c'est-à-dire le 1er et le 7e bataillon de chasseurs, de même que les 3e, 12e 10e et 13e régiments, prirent position de bataille pendant que la 1re division emportait d'assaut le village d'Artenay et forçait l'ennemi à quitter le château d'Auvilliers, où dans la matinée plusieurs batteries françaises s'étaient établies, et le chassait jusque derrière Chevilly. Ici, la 1re division, surtout la 8e compagnie du Leib-Régiment, fit des pertes considérables.

Lorsque nous partîmes, le 11 octobre, d'Artenay, à peine sortis de Cercottes, la bataille recommença de nouveau, mais cette fois beaucoup plus sérieuse que la veille. Cette fois-ci notre division se trouvait en avant, tandis que la 1re était en réserve. Entre Cercottes, Chanteau et Saran, la bataille prit un grand développement. A notre extrême droite se trouvait une brigade prussienne avec de l'artillerie prussienne, soutenues par la cavalerie prussienne et bavaroise. Notre 4e brigade formait le centre, pendant que notre 3e brigade se trouvait à gauche, de sorte que le 12e régiment formait l'extrême gauche. La bataille commença par l'artillerie, et notre nombreuse artillerie entière y fut employée. Mais bientôt, notre infanterie avança, et on pouvait entendre les cris de hurrah que poussaient les soldats du 13e régiment en chassant l'ennemi à travers bois entre Cercottes et Saran, vers Orléans. Ici, le 12e régiment fut aussitôt appuyé par le 1er bataillon de chasseurs et le 3e régiment d'infanterie. Jusque-là nos soldats n'avaient pas eu à supporter de pertes considérables, lorsque le feu à droite dans le voisinage de Saran devint de plus en plus vif, et je me rendis près de la 4e brigade, parce que mon collègue se trouvait près de la 3e. Lorsque j'y arrivai, nos gens avaient déjà pris le village de Saran, et toute l'artillerie de ce côté reçut l'ordre d'avancer

4.

jusqu'à une hauteur d'où on pouvait voir la ville d'Orléans dans toute son étendue.

Ici, l'artillerie était exposée fortement au feu de l'infanterie ennemie; en peu de temps deux artilleurs furent tués, un lieutenant et plusieurs soldats blessés. Pendant que j'enterrais un artilleur, un autre à quelques pas fut blessé mortellement, et nous ne devons qu'à une chance particulière que les pertes de notre artillerie ne soient pas beaucoup plus considérables, car les balles pleuvaient en masse comme la grêle. Cependant le moment le plus sanglant de cette journée eut lieu dans l'après-midi. A deux heures environ, les Français étaient repoussés de tous côtés sur Orléans. Au nord se réunit à Orléans un long faubourg appelé faubourg des Aydes. Dans ce faubourg, les Français s'arrêtèrent pour la dernière fois et firent une résistance désespérée. De deux heures à sept heures du soir, on se battit autour de ce faubourg, et cette bataille ne peut se comparer qu'à la prise d'assaut de Bazeilles. Là le 3e régiment du prince Charles a horriblement souffert. Le lieutenant en 1er Diemling, du 10e régiment, fut le premier qui se hâta de venir à l'appui de ce régiment avec la 5e compagnie; mais bientôt toutes les autres troupes de la 4e brigade le suivirent. Ici, comme à Bazeilles, on tira sur nos troupes de toutes les maisons, du clocher de l'église et des toits; aussi mit-on, pour cette raison, le feu à plusieurs maisons.

Le feu ne cessa que le soir vers sept heures, quoique depuis deux heures déjà nous eussions la certitude d'une victoire éclatante. Nous avions pris plusieurs milliers de prisonniers et plusieurs pièces de canon. Parmi les prisonniers, chasseurs, turcos et soldats de la ligne, se trouvaient beaucoup d'Alsaciens allemands et aussi de Suisses allemands.

Des prisonniers qui étaient dans l'église de Saran, j'ai appris que l'ennemi avait reçu des renforts de troupes toute la journée par des trains du chemin de fer. Les Français ont fait des pertes affreuses en morts et blessés. Quand je suis entré hier dans une ambulance de Saint-Jean-de-la-Ruelle, j'ai rencontré deux Suisses, l'un de Zurich, l'autre de Saint-Gall. Je n'ai pu m'empêcher de leur dire que c'était bien fait qu'ils fussent blessés. A présent, nous sommes à Orléans, dans des quartiers magnifiques.

Nos pertes sont beaucoup plus grandes qu'elles n'ont été connues jusqu'à présent. Cinq officiers d'état-major ont été tués. La 4e brigade, sous le général de Tann, a gravement souffert. A cette brigade fut assigné l'ordre de prendre les hauteurs d'Orléans, et ce ne fut qu'appuyée par le 1er régiment d'infanterie qu'elle put réussir à prendre d'assaut ces hauteurs si dangereuses pour nos troupes. Ce fut l'action la plus sanglante et la plus décisive de cette fameuse journée, où, même dans les rues d'Orléans, beaucoup de nos braves compatriotes sont tombés frappés par les Français placés derrière les maisons.

Abbé Gross,
Aumônier de la 2e division du 2e corps de l'armée bavaroise.

(*Traduit de la* Gazette allemande, *du 14 octobre; reproduit au* Journal du Loiret, *13 nov. 1870.*)

N° 3.
Lettre du général de Lamotterouge.

. . . .

Dans la lourde et difficile mission, non sollicitée par moi, mais acceptée comme un devoir patriotique dans les circonstances graves et douloureuses qui affligent mon pays, ma conduite a été, je crois, ce qu'elle devait être. Avec les troupes dont je disposais, troupes, pour la plupart, très-jeunes, inexpérimentées, connaissant à peine leurs chefs et voyant le feu pour la première fois, j'ai tenu tête à une armée supérieure en nombre, aguerrie, soutenue par une artillerie considérable; j'ai défendu le terrain pied à pied, pendant plus de sept heures, conduisant moi-même mes réserves au combat, et ce n'est qu'après avoir reconnu qu'il m'était impossible de me maintenir dans Orléans que j'ai opéré ma retraite en bon ordre, restant à la tête du pont jusqu'à ce que les dernières colonnes fussent passées. J'ai donc fait, dans ces circonstances, ce qu'un chef d'armée devait faire, obligé de combattre sans qu'il ait eu le temps de réunir des troupes suffisantes pour pouvoir résister avec succès. C'est en agissant ainsi que j'ai pu remettre à mon successeur, le lendemain, le corps d'armée qui m'avait été confié, dans de bonnes dispositions de défense, à 30 kilomètres de l'ennemi, et dans un ordre compacte et satisfaisant, après deux journées de combat.

Dans la situation qui m'avait été faite à Orléans, avec mon quartier-major établi dans cette ville, depuis trois jours à peine, par ordre du ministre de la guerre, la majeure partie de mes troupes ne pouvant m'arriver, malgré les ordres donnés, je ne pouvais, je le répète, faire que ce que j'ai fait, lorsque j'ai eu à supporter le choc de 40,000 Prussiens ou Bavarois, sinon plus, appuyés de 120 ou 130 pièces de canon. L'opinion des hommes du métier, de ceux qui ont un peu de sens militaire, me donnera raison, et je le dirai, m'a déjà donné raison : que m'importent donc les déclamations et les calomnies de ces braillards de certaine presse, de ces insulteurs de tous les temps? Je les méprise; elles ne peuvent atteindre l'honneur d'un soldat, d'un chef qui a gagné le plus haut grade de la hiérarchie à la pointe de son épée, sur les champs de bataille, et qui a toujours su répondre, par ses actes et son exemple, à l'estime et à l'affection dont ses troupes disciplinées l'ont toujours honoré. Je regrette que nos bonnes gens des campagnes soient assez crédules pour accepter les mensonges qu'on leur a débités sur mon compte, et je les plains.

Général DE LAMOTTEROUGE.

(Reproduit de l'Union malouine par l'Union bretonne, du 6 décembre.)

N° 4.

Soldats français *tombés sur le territoire de la commune de Fleury, dans la journée du 11 octobre 1870, enterrés par les soins de l'administration municipale et ayant reçu la sépulture ecclésiastique.*

39º de ligne. — Grech, capitaine. — Tixier. — Amphoux (Jean-Adolphe), sergent-fourrier. — Dalbain (Joseph). — Boy. — Kieger. — Barbière (Alfred-Germain-Ferdinand-Alexandre), sergent-major. — François. — Nicolas. — Courlet. — Haettel (Pierre). — Granger (Jean-Louis). — Aubry (Laurent-Eugène). — Baylin (Louis). — Helmlinger (Joseph). — Girard. — Petitjean (Victor-Delphin). — Derubé. — Prévost (Arthur-Félix). — Supervielle. — Alattre. — Huyet. — Lorgueilleux, sergent-fourrier. — Riesz (Henri). — Doyelle (Théophile-Louis-Joseph). — Langevin. — François (Désiré). — Gambier (Émile-Théodore), caporal. — Boulade (Louis-Armand). — Hubert, caporal.

5e compagnie de fusiliers de discipline. — Jacquelin (Antoine).

Légion étrangère. — Castiglione. — Decock (Jean-Baptiste). — Juffray. — Groni, sergent. — Morgant (Armand). — Bissas (Frédéric-Louis). — Smets (Louis-Pierre). — Staub (Samuel). — Godefroy (Évariste), caporal, 8e compagnie.

4e chasseurs à pied. — Lapérouse (André). — Paty. — Vivenot. — Mouton. — Cheruau. — Forest. — Baude. — Granotier. — Leysses. — Schneider. — Pauze (Baptiste). — Loria (Gustave-Louis), caporal. — Gallet (Jules). — Rauh. — Trouinard (Émile-Alexandre). — Chopin (François-Xavier). — Vernay (Jean-Marie).

16e chasseurs à pied. — Lecouble. — Coudray (Paulin). — Richard (Antoine). — Phélot (Auguste-Jean-Baptiste).

Garde mobile de la Nièvre. — Reuillon, sous-lieutenant (1).

Il a été enterré, en outre, 107 soldats bavarois.

Dressé et certifié par nous, maire de la commune de Fleury, le 19 novembre 1870.

Le Maire,
ROUARD.

(1) 152 soldats français ont été enterrés en cet endroit; ceux qui ne sont pas portés sur cette liste sont restés inconnus.

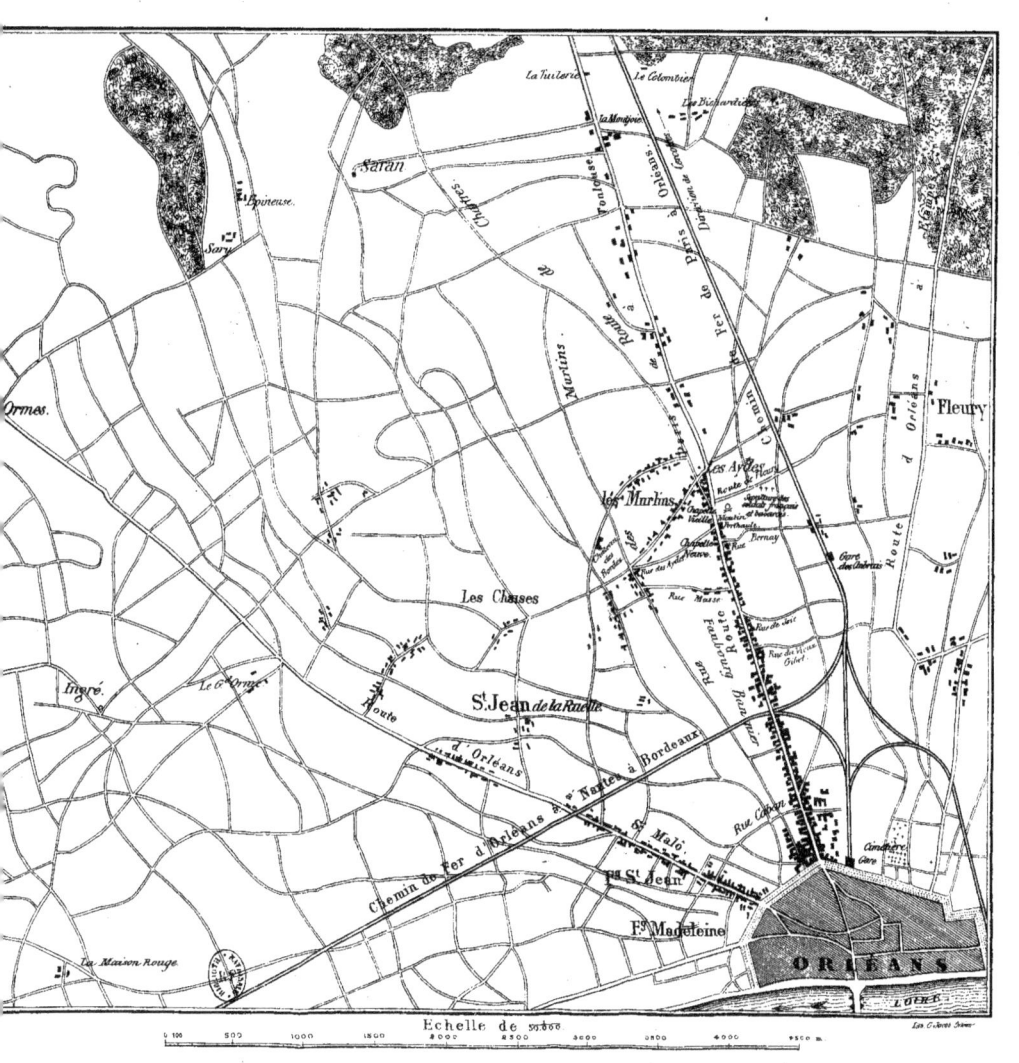

www.ingramcontent.com/pod-product-compliance
Lightning Source LLC
LaVergne TN
LVHW021720080426
835510LV00010B/1071